猫と暮らす建築家が本気で考えた

猫がうれしくなる部屋づくり、家づくり

廣瀬慶二

プレジデント社

はじめに

昔、大学のランドスケープの講義で「歩き始める前に全行程が見通せてしまうような町並みはつまらない」という話を聞きました。たぶん猫もそうだと思います。

完全室内飼育の猫にとっての町並み、つまり家の内部空間には、創造的にそのような考え方を採用する必要があるのではないでしょうか。

でも、猫が踏み出す1歩には、猫の脳のキャパシティーなりの全行程が入っているらしいので、猫のために猫の移動経路（キャットウォークなど）を考えるデザイナーは、猫に対してそれなりの親切心が必要となります。

そうでないと、猫は道中で困りはて、立ち往生してしまいます。現に私は、猫のためにつくられたという家で、困ってしまっている猫を何度か見たことがあります。

きっと猫には、家の中の猫的町並みに、次のようなルールが必要なのではないのかと私は考えています。

A　わかりやすくて
B　続き（の行動）があり
C　結果がある

このような空間をつくるためには、デザインの力とちょっとした考え方のコツが必要です。

この本は、猫と暮らす家の設計を専門とする私が、今までに設計した家の写真をたくさん使って、考え方のコツを紹介しようとするものです。

　きっと、この本を読んでいただいた後なら、猫のためのもっといい家をつくる方法が、わかるようになると思います。

　未だに不思議な存在である「猫」そのものについても、「建築」という切り口から、すこし理解が深まるようになるかもしれません。

　この本の内容をきっかけにして、完全室内飼育のすばらしさを理解してもらい、それに反対する人々が少なくなり、なおかつ、飼い主のいない猫が野外にいなくなることを、私は望んでいます。

　Chapter1では理屈を、Chapter2では賃貸住宅におけるDIYを、Chapter3はリフォームを、Chapter4では注文住宅について書いています。

　すべてのフェーズに対応できるように書きましたので、自身の住環境に手を加える機会が訪れた際には、実用書として、ぜひお役立てください。

Prologue

目次 ✣ CONTENTS

はじめに……………………………………………………… 4

Chapter 1 猫と暮らす建築家が教える

猫の家のつくりかた

猫が健康に暮らせる家…………………………………… 10
1-1　なぜ猫の家が必要か?……………………………… 12
1-2　猫的町並みを構成する5つのエレメント……… 16
1-3　イメージアビリティー…………………………… 26
1-4　進入禁止エリア…………………………………… 30
1-5　各部分のデザイン………………………………… 32
1-6　猫の家のロジック………………………………… 44

ソラマメ日記 vol.1 ……………………………………… 48

Chapter 2 賃貸アパートの6畳ルームをアレンジ

猫を迎える部屋づくり

DIYで猫を迎える………………………………………… 50
猫が喜ぶ6つのDIY……………………………………… 52
Work1　2×4壁………………………………………… 54
Work2　猫ステップ…………………………………… 60
Work3　キャットウォーク…………………………… 64
Work4　爪とぎ柱付きパソコンデスク……………… 68
Work5　照明＆インテリア…………………………… 72
Work6　マクラメハンギング………………………… 76

ソラマメ日記 vol.2 ……………………………………… 82

Chapter 3 猫のためのリノベーション

既存住宅を有効に活用する

ペット共生住宅の専門家にリフォームを頼んだら……84
- 3-1　未活用空間は上空にある｛猫寝天井｝…………86
- 3-2　未活用空間は上空にある｛やわらか猫寝天井｝・90
- 3-3　インテリアに溶け込むキャットウォーク………94
- 3-4　天袋は最高の居場所………98
- 3-5　爪とぎ柱の理想型………102
- 3-6　猫の多段ベッド………106
- 3-7　猫が出迎えてくれる玄関にする………110
- 3-8　猫のトイレスペースをしっかりとつくる………114
- 3-9　家具工事でリフォームを完成させる………118

ソラマメ日記vol.3………122

Chapter 4 猫のための家づくり

猫と暮らす建築家が提案する

建築家に猫のための家づくりを頼んだら………124
- 4-1　キャットウォークの5原則………126
- 4-2　猫の道のバリエーション………128
- 4-3　猫の階段のバリエーション………132
- 4-4　多層空間を目指す………136
- 4-5　猫大階段の頂上は………140
- 4-6　CATIO（キャティオ）をつくる………144
- 4-7　キッチンは独立型とする………148
- 4-8　猫ダイニングはランドマーク………150
- 4-9　猫のための窓の計画………152

おわりに………156

Chapter 1

猫と暮らす
建築家が教える

猫の家の
つくりかた

How to make a
house for cats

猫が健康に暮らせる家		10
1-1	なぜ猫の家が必要か？	12
1-2	猫的町並みを構成する5つのエレメント	16
	1-2-1　パス	16
	1-2-2　エッジ	18
	1-2-3　ディストリクト	20
	1-2-4　ノード	22
	1-2-5　ランドマーク	24
1-3	イメージアビリティー	26
1-4	進入禁止エリア	30
1-5	各部分のデザイン	32
	1-5-1　パスのつくり方	34
	1-5-2　エッジのつくり方	36
	1-5-3　ディストリクトのつくり方	38
	1-5-4　ノードのつくり方	40
	1-5-5　ランドマークのつくり方	42
1-6	猫の家のロジック	44
ソラマメ日記 vol.1		48

猫が健康に暮らせる家

猫と暮らす家の設計を真剣に考えるなら、何か確実なロジックを知りたいと思うのは当然のことです。

どこかで見たような「猫用の何か」を普通の家に取り付けたとしても、それは「猫のために家をつくった」ことにはなりません。何もなかった部屋に「何か」が置かれたぐらいの意味にしか、猫は受け取ってくれないでしょう。

猫は人間と同じように空間をとらえているのか？ あるいは、居心地の良さを人間と共有しているのか？ この問いに答えられるのは、猫本人しかいません。とはいえ私は、猫は人間と同様の心を持っていると疑わない人間の1人で、猫に寄り添いながら、たくさんの家を実際につくってきましたから、ある程度はそれがわかります。

良き飼い主が猫にプレゼントする家は、フィジカルとメンタルの両方が健康になるものであってほしいと思います。ともに遊べ、猫の身体能力が発揮され、小気味好い刺激をもたらし、わかりやすく、見えやすい家です。

この章では私が考える「猫の家のロジック」を紹介します。その実例はChapter3、Chapter4に詳しく載せていますので、そちらを先に読んでいただいても大丈夫です。

1-1
なぜ猫の家が必要か？

　猫は外に出さず、避妊・去勢をして一生を家の中で暮らすのがよいと最近は考えられています。いわゆる完全室内飼育です。交通事故や病気の感染、近隣への迷惑を防ぐためには、そのようにするしか方法はありませんし、もうそれは、都市生活者にとっては常識のレベルになっていると思います。

　でも、家の中では刺激が不足します。猫が楽しめるような工夫を家の中に凝らしてあげたいと思うのは、飼い主の共通した望みです。

　猫に必要な刺激は日々の居場所と移動の中にあります。移動に関しては、多頭飼育の家をたくさん設計してきた経験で、私は猫の動線を「交通整理」する重要性を知っています。交通整理ができていない中途半端な猫の家では、進路妨害によるケンカなど、小さなトラブルがよく起きます。その小さなトラブルは、やがて大きな問題につながりかねません。つまり、家庭内の秩序と平和が維持できなくなるのです。

　猫の居場所を快適に設け、そこに至る動線の交通整理をするのは、ちょうど都市計画の手法に似ています。

　米国の都市計画家ケヴィン・リンチ（Kevin Lynch, 1918-1984）は著書『都市のイメージ』の中で、都市を構成するエレメント（要素）を上の5つに整理しました。

　この5つのエレメントは都市を「計画」するために考案されたものではなく、都市を「分析」するために考え出されたものですが、新しく計画した都市を（ここでは猫の家の内部空間を）自己採点するのに役立ちます。

　5つのエレメントが相互に関係していることを猫の家

の計画者が自覚し、リンチが都市にとって最も重要な課題と位置付けた「わかりやすさ・見えやすさ」を猫の家にも実現できるなら、この5つのエレメントは猫の家の内部空間、すなわち「猫的町並み」を計画するための強力なツールになります。

　以降、この本では、ケヴィン・リンチが考えた都市の5つのエレメントを用いながら、猫の家に必要な設計のロジックを述べていきます。

1-2
猫的町並みを構成する　5つのエレメント

1-2-1 パス

パスは都市計画では「道筋」のことを指します。

（例）
街路・散歩道
運河・鉄道など

猫的町並みでは、キャットウォークや猫用階段など、屋内にある猫用通路に相当します。

パスは移動手段ですが、複数存在するパスの位置や形状によってはパス自体が娯楽の装置になりえます。

例えば高い位置にあるパスは、猫にとって楽しい装置になるでしょう。ジャンプを伴う運動が必要なものも、猫にとってうれしいものです。

ここで大切なのは、パスは「場所」ではなく、「線状の連続した方向性」のあるものだということ。よって、高い場所に垂直方向に移動してから、どこか別の場所に水平移動できなければ、有効なパスにはなりません。後でも触れますが、市販のキャットタワーは、単独ではパスになりえないのです。

Path

1-2-2 エッジ

　エッジは都市計画では「縁(ふち)」のことを指します。言い換えると通行上の障壁や境界線のことです。

（例）
海岸・河川
壁・線路・高架道路
交通量の多い道路など

Edge

　猫的町並みでは、部屋の壁やドアなど、線状に存在する境界や障害物がエッジに当たります。エッジは猫の行動範囲を決めるものなので、広義の「テリトリー」と考えてもよいでしょう。

　猫は爪とぎによるマーキングでテリトリーを主張します。猫が爪とぎを行いやすい場所というのは、エッジの性質を持つということになります。

1-2-3 ディストリクト

ディストリクトは「地域」のことで、特定の用途がある場所を指します。

（例）
住宅地・オフィス街
レストランが集まる場所
公園など

猫的町並みでは、陽当たりの良い昼寝場所や見晴らし台、窓辺、食事場所、トイレなどに該当します。

複数のディストリクトを巧みにパスで結ぶことができると、ディストリクトは活性化します。つまり、猫が頻繁に使ってくれるようになります。

District

1-2-4　ノード

　ノードは、都市計画では「接合点・集中点」のことで、道路が交差したり集中したりする場所を指します。集中点のノードはディストリクトの焦点、別の言い方をすれば縮図ともなりえるため、ディストリクトとノードは別々に存在するのではなく、不可分なものとして存在すると考えられます。

それは以下の例を見ても明らかでしょう。

（例）
駅・交差点

Node

行動の起点あるいは終点
囲まれた広場など

　猫的町並みでは、キャットウォークが交差する場所や、猫ステップからキャットウォークに乗り移る場所、たくさんの猫用通路が1か所に集まる場所などに該当します。

　ノードには猫たちが自然と集まります。また、すれ違いざまの猫たちの行動には、各家庭で異なる特徴が見られます。ノードにおける猫たちのふるまいが穏やかであることが、猫的町並みには必要です。

1-2-5 ランドマーク

ランドマークは都市計画では「目印」のことを指します。

（例）
建物・看板・商店・山など

猫的町並みでは、単純に視覚を拠り所としたものではなく、感覚的に広範囲に定義されます。嗅覚や聴覚によるランドマークもありうるということです。

Landmark

1-3

イメージ
アビリティー

　キャットウォークや猫用階段などのパスを考えるときには、「わかりやすさ・見えやすさ」に配慮する必要があります。

　猫が床より高い位置にいるとき、どこに前足をかければ、あるいはどこにジャンプすれば、次の場所にスムーズに移動できるのかをわかりやすくしてあげなければいけません。そして、ある程度の移動に関する、ひとかたまりのルートが読めるように、全体を見えやすくしておく必要があります。

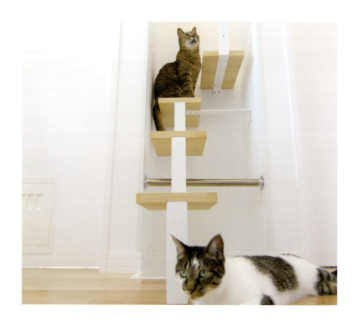

人間の場合も同様で、都市のわかりやすさと見えやすさのことをリンチは「イメージアビリティー」と呼び、有益な都市の構造と、それ自身のありようを定義しました。イメージアビリティーが強い都市は、すべての人にとって好ましいというわけです。

　イメージアビリティーの強い都市では、道に迷うことがなく、迷ったとしても手がかりがあり、自分が都市の中の「どこにいるのか」を都市の構造の秩序の中から見つけ出しやすく、鮮明なイメージを持つことができます。

　話を家の中の猫に戻しましょう。

　イメージアビリティーの強い猫用通路のネットワーク、すなわち複数のパスは「わかりやすさ」という点で猫の安心感につながり、途中の動作で迷うことがありません。

　イメージアビリティーをおろそかにし、不規則なリズムの猫ステップや先の見えないトンネルなどを計画してしまうと、どこに行っていいのかわからず、猫の不安につながりますから、避けたほうがよいでしょう。

　ただし、イメージアビリティーは5つのエレメントの相互作用によって強くも弱くもなるものです。決して、少ないパスやディストリクトのみで評価できるものではありません。

　ですから私はこの章の冒頭に、「どこかで見たような『猫用の何か』を普通の家に取り付けたとしても、それは『猫のために家をつくった』ことにはなりません」と書いたのでした。

1-4
進入禁止
エリア

人は猫と昔から、住居という名の空間をシェアしてきました。それでも、猫に入ってほしくない部屋や場所というのはあるものです。ですから猫の進入禁止エリアをしっかりと定めましょう。

間取りであれば、キッチンや洗面所など。部屋であれば、クロゼットなどが該当すると思います。観葉植物がお好きな方は、猫の安全と、観葉植物の保全を考えると、それを置く場所も進入禁止エリアになります。

あらかじめ進入禁止エリアを定めておくと、パスとエッジを意識することができます。

特にエッジに関しては、猫が自分でドアを開けてしまって、エッジを無効化し拡張することがある

ので、両面サムターン鍵（内側からも外側からも施錠できる保育所などで用いられる鍵）が必要になってきます。

　レバーハンドルを縦に付けるアイデアや、猫が開けにくいハンドルもありますが、猫のために人間が不自由をするのは設計のアプローチとしては間違っていると私は思います。

　レバーハンドルにぶら下がってドアを開けようとしても、両面サムターン鍵がかかっていれば開きません。どうしても開かない状態が続くと、猫はその行動を起こさないようになります。それは行動分析学の用語で「消去」と言います。

　いくら自分が行動しても、環境に変化がない場合（＝環境に無視された状態）が続くと、その行動は減少していきます。

　犬の「しつけ」ではおなじみの手法ですが、猫にも適用できるので、覚えておいてください。

1-5

各部分の
デザイン

　パス、エッジ、ディストリクト、ノード、ランドマークに該当する「猫用の何か」が上手に揃うと、イメージアビリティーが強くなり、猫が本来持つ行動がとりやすくなります。すなわち、フィジカル、メンタルともに健康になるのです。

1-5-1 パスのつくりかた

いろんな種類のパスをつくりましょう。多ければ多いほどよいのです。しかし、規則性がないパスでは猫が混乱してしまいます。特に階段状のものには確実な規則性が求められます。

例えば30cmの段差でステップがあるなら、途中で方向転換したとしても、段差は30cmで最後まで統一しましょう。

キャットウォークには、できれば回遊性を持たせ、猫を多頭飼育している場合には、キャットウォーク上で、猫がすれ違えるだけの幅を持たせます。

縦方向のパスをつくったのなら、必ず横方向のパスにつなげましょう。そのようにしないと、有効なパスになりません。

Reference
- ▶キャットウォーク……Chapter3-3／4-1／4-2
- ▶猫ステップ……………Chapter4-2／4-3
- ▶猫用階段………………Chapter4-3／4-4／4-5
- ▶キャットツリー………Chapter4-3／4-4

1-5-2 エッジのつくりかた

　猫的町並みのエッジは、人間の家をつくる以上、自然発生します。外壁もエッジですし、隣室との間の壁もエッジです。窓やドアもエッジですから、猫はその範囲を拡張しようと果敢に窓やドアを開けようとするのです。

　エッジであるドアには両面サムターン鍵を、窓には逃亡防止の格子を設けるほか、網戸の強化などが求められます。

　大切なことは、人間が決めたエッジは決して破られてはいけないということです。

　猫の目線で家の中のエッジを探してみると、エッジには出隅（外側に出っぱった角部分）があることがわかります。そこは、猫が爪とぎを行う際に狙いやすい場所ですから、金属製の出隅ガードで補強しましょう。

　エッジは住宅の内部である以上、自動的にできてしまうものなので、猫を飼う場合には、普通の家よりも、保護したり、補強したりする必要があります。

Reference
- ▶爪とぎ柱…………………Chapter3-5
- ▶玄関ホールの二重扉……Chapter3-7
- ▶キッチン…………………Chapter4-7

1-5-3 ディストリクトのつくりかた

猫的町並みのディストリクトには2つの種類があります。

ひとつ目は、リラックスできる場所や、刺激を得られるような、見晴らし台や窓辺などです。

ふたつ目は、食事場所、水飲み場、トイレなど、機能的にはっきりとした場所です。

猫のために設計した見晴らし台や窓辺をディストリクトとして活気ある場所にするためには、そこから何が見えるかをしっかりと人間が把握しておく必要があります。そして、ディストリクトには必ずパスが必要です。到達できないディストリクトは定義上ありえません。ディストリクトは内部に入って活動する場所だからです。

ディストリクトは必ずしも遠くからその全体像が見えている必要はありません。中に入ることができ、その場の特質を確認できれば、それでよいのです。

もっと具体的に言うと、猫のトイレは、はっきりと外から見えていなくても、適切にパスが形成されているなら、ディストリクトとしての役割を果たすということになります。

Reference
- ▶猫寝天井…………Chapter3-1
-                   Chapter3-2
- ▶天袋……………Chapter3-4
- ▶多段ベッド………Chapter3-6
- ▶猫トイレ…………Chapter3-8
- ▶岩盤浴場…………Chapter4-5
- ▶猫ダイニング……Chapter4-8
- ▶窓辺……………Chapter4-9

> **1-5-4**
> **ノードの
> つくりかた**

　たくさんつくったパスも、起点と終点がひとつずつし か選べない短いものであるなら、それはとても退屈な代 物でしょう。

　パスとパスが重なり合い、猫が自由に飛び移れれば、 そこはノードになります。

　私は猫の家を設計する際、集中点としてのノードとい う意味で、パスがたくさん集まっている 1.5 畳ぐらいの 場所をよくつくります（参考写真 P.141 〜 143）。

　集中点としてのノードを床から高い場所につくると、 見晴らし台になり、ディストリクトの性質を持つように なります。

猫的町並みをデザインする際に、最も難しく、工夫しなくてはいけないエレメントはノードです。

　今までに私は、他の建築士が猫のためにつくった家をいくつか見てきましたが、満足がいく結果が得られていない事例では、例外なく、ノードが形成されていませんでした。

　「良いパスはノードをいくつも形成し、良いノードはディストリクトを形成する」

　猫の家をつくる場合の、最も重要な法則です。

1-5-5
ランドマークのつくりかた

猫はしばしば自分の位置を見失うことがあるようです。

狭い住居では、行動範囲が限定され、迷うことはないので不要かもしれませんが、自分がどこにいるのかを知るための基準点となるのがランドマークです。狭い住居であっても、ランドマーク的なものは必ず存在します。

そうでなければ、猫は方向感覚を失ってしまうでしょう。

　猫は視覚もさることながら、嗅覚も優れているので、しばしば、えさの匂いがする食事場所がランドマークになります。食事場所を変えればランドマークが変わり、猫の動きも変わります。

Reference
▶猫ダイニング……Chapter4-8

1-6

猫の家の
ロジック

　ここまで、猫の居場所や猫用通路の計画手法を都市計画にたとえて話をしてきました。

　家の中で暮らす猫には、家の中が「町並み」であり、それを可能な限り魅力的にした「猫的町並み」では、人間の都市と同じように、イメージアビリティーが強い必要があるという内容です。

　しかし、ただ、わかりやすく、見えやすいことだけを重視すると、猫の探索欲求や、窓の外に何かがたまたま横切ったのを見るような意外性がなくなり、完全室内での生活が退屈なものになってしまうかもしれません。

　私はパスをつくるときに、猫が「最初の1歩」を自発的に踏み出すように考えてデザインしています。

　猫は、室内に存在するパスの全行程を完璧に覚えているわけではないので、進んでは止まり、進んでは止まりを繰り返します。慣れてくれば、止まる時間が短くなり、スムーズに動いているように見えますが、基本的には、何度も「最初の1歩」を繰り返しているのです。

　ですから、最初の1歩を踏み出す動機となる好奇心を抱かせる「神秘や迷路や意外さ」が必要なのかもしれません。

人間も、目的地までまっすぐ遠くまで見渡せてしまう道を行くよりは、路地を散策してみたいと思うことがあるでしょう。

　私は、「完全室内飼育の猫が退屈しないように、家を工夫しましょう！」と主張していますが、それだけではいけないことを承知しています。

　飼い主とともに暮らす時間こそ、猫にとってのQOL（quality of life）を高める大きな要素です。

　その前提で、家の中に差し込む太陽の光や、それがつくり出す影、聞こえてくる鳥のさえずり、雨の音など、次々と、猫の興味を引くように家がつくられていれば、飼い主と一緒に遊ぶ時間はもっと楽しいものになるはずです。

　キャットタワーだけがぽつんと置かれている家は、家族が遊んであげていたとしても退屈な住まいです。

　猫の目線で、5つのエレメントを意識しながら、いろんな工夫を家の中に凝らしてみませんか？

　最後に『都市のイメージ』の1節を引用してChapter1を終えようと思います。

「環境の中の神秘とか迷路とか意外さなどにも、かなりの価値があることは認められなければならない。(中略)しかし、これには2つの条件が必要である。第一に、基本的な形態や方向を見失う危険、つまりそこから抜け出せなくなってしまう危険があってはいけない。意外さというものは一定の枠組の中で起こるべきであり、混乱は目に見える範囲内のいくつかの小部分に限定されなければならない。次に、迷路や神秘は、さらにつきつめて調べればやがて理解できるような形態をそなえていなければならない。何らの暗示も与えぬ全くの混乱というものは決して快いものではない」

ケヴィン・リンチ（著）、丹下健三（翻訳）、富田玲子（翻訳）『都市のイメージ 新装版』（岩波書店、2007年）P.7

ソラマメ日記 vol.1

Soramame Diary

1

55gで捨てられた
ストリート生まれの
病院育ち
あたしら
ソラマメシスターズ

2

赤いソファーが
お気に入り
フリースタイルで
寝てますし

3

赤いソファーが
お気に入り
まったくお手上げ
寝てますし

4

あたしがマメで
姉がソラ
あたしら
ソラマメシスターズ

Chapter 2

賃貸アパートの
6畳ルームをアレンジ

猫を迎える部屋づくり
Creating a room for cats

DIYで猫を迎える	50
猫が喜ぶ6つのDIY	52
Work1　2×4壁	54
Work2　猫ステップ	60
Work3　キャットウォーク	64
Work4　爪とぎ柱付きパソコンデスク	68
Work5　照明＆インテリア	72
Work6　マクラメハンギング	76
ソラマメ日記 vol.2	82

DIYで猫を迎える

Chapter2 ❖ 猫を迎える部屋づくり

猫のために自宅をいろいろと改造するのは楽しいですね。市販の棚受金物を用いてキャットウォークや猫ステップを取り付けるなどは、猫のためのDIYでは、すっかり定番になっているようです。
　柱が見えている木造の戸建て住宅ならDIYは比較的簡単なのですが、鉄筋コンクリートのマンションや原状回復が必要な賃貸住宅だと、壁にビスを打つことができませんから、少し工夫が必要です。
　ここでは、アメリカではポピュラーな2×4 (ツーバイフォー) 材を用いたリフォームとマクラメ編みの活用法を紹介します。
　2×4材の柱を並べて、そこに合板を張れば、釘やビス、画鋲などを刺せる「新しい壁」を得ることができます。そうすれば、自由にキャットウォークや猫ステップを取り付けることができるでしょう。
　マクラメ編みは、ロープを結ぶ技法のことで、観葉植物を吊るすハンギングをつくることができます。猫にとって危険な観葉植物もハンギングで吊るせば、安心して緑豊かな生活を送ることができます。
　どちらも簡単な技術だけで、本格的なものがつくれる手法を紹介します。
　ぜひ参考にしてチャレンジしてみてください。

Work 3 キャットウォーク ➡ P.64

Work 6 マクラメハンギング ➡ P.76

猫が喜ぶ
6つのDIY

Work 1

2×4壁

猫ステップ、キャットウォークの基礎となる壁です。「ラブリコ（LABRICO）」というシリーズのアジャスターと棚受を使用することで賃貸物件を傷付けることなく、新たな壁をつくることができます。この壁なら、釘を刺しても、画鋲で穴をあけても、ペイントしてもOK。アイデア次第で、猫も人も快適に過ごせるようになります。

なお、木材のカットはホームセンターにおまかせ。のこぎりで切る必要はありません。サイズを指定すれば、無料でカットしてくれるお店もあります。

・・・・・・・・・・・・・・・・・・・・・・・・・・・ 材料と道具 ・・・・・・・・・・・・・・・・・・・・・・・・・・・

材料
- ❖ 2×4材
  縦材①（〈天井高－95〉×38×89mm）…4本
  縦材②（1,200×38×89mm）…1本
  横材（810×38×89mm）…11本
- ❖ 構造用合板
  背板①（700×1,360×12mm）…3枚
  背板②（700×750×12mm）…3枚
  背板③（700×990×12mm）…1枚

- ❖ 平安伸銅工業の「ラブリコ」シリーズ
  アジャスター…4セット
  棚受シングル…4セット
  棚受ダブル…7個
- ❖ ビス（木ねじ）…適宜
- ❖ 塗料
  下塗り用オイルステイン（ワトコオイル）
  ワックス（ブライワックス）

道具
サンドペーパー
ウェス（布）
定規（棒状の木材でも可）
刷毛

たわし
インパクトドライバー
ドリル
かなづち

【図面】2×4壁 展開図

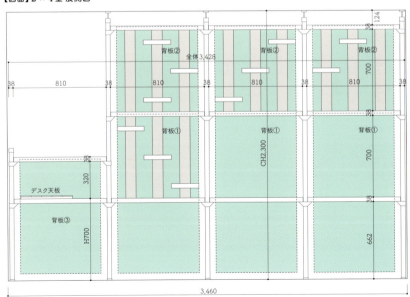

1 木材をサンドペーパーで滑らかにします。このとき、写真のように木片や定規にサンドペーパーを巻き付けると作業がしやすいでしょう。

2 木材の表面が滑らかになったら、2×4材に下塗り用オイルステインを塗ります。下塗りなので、刷毛を使って手早く雑に塗ってかまいません。

STEP1 >>> 木材を塗装する

4 木材にわざと傷を付けると使い込んだアンティーク家具のような味わいが出ます。写真では、木材に釘の頭を乗せて、かなづちで上からたたいています。

3 下塗り用オイルステインが乾いたら、ワックスで2×4材を塗装します。写真のようにウエスを指に巻き付けて、節や傷のある部分にワックスを押し込むように塗っていきます。

5 構造用合板もワックスで塗装します。構造用合板は、2×4材と違い、よく染み込むので刷毛で塗ってもかまいません。

6 木材が乾いたら、塗装にツヤを与えます。「ブライワックス」は、木材の表面をたわしでこするとツヤが出ます。よく磨きましょう。

57

1. 2×4材で構造用合板を打ち付けるための格子をつくります。STEP1で塗装した2×4材と、アジャスター、棚受シングル、棚受ダブルを用意します。

2. 床に木材を並べてプラスチック製の各パーツをインパクトドライバーでビス留めしていきます。「ラブリコ」の取扱説明書に沿って、組み立てていきます。

STEP2 >>> 格子を組み立てる

3. すべてのパーツをビス留めできたら床から起こします。大掛かりな作業となりますので、必ず2人以上で行いましょう。

1 STEP2で組み立てた格子の背面に構造用合板を取り付けます。作業しやすいように格子を壁面から離します。その際、アジャスターをしっかり締めておくと安心して作業ができます。

2 格子の背面から構造用合板を長さ30mmのビスで留めます。

STEP3 >>> 背板を取り付ける

3 釘やビス、画鋲などが使える2×4壁ができあがりました。
※写真の実例では、室内への搬入制限があったため、ジョイントを用いています。

Work 2

猫ステップ

猫ステップは、高いところが好きな猫のための階段です。壁から300mmの幅が出ていれば、猫は十分に休むことができます。また、段差は上りやすいように、246mmになるように設計しています。

・・・・・・・・・・・ 材料と道具 ・・・・・・・・・・・

材料
- ❖ 2×4材（700×38×89mm）
  猫ステップA…5本
  猫ステップB…4本
  猫ステップC…1本
  キャットウォーク用…2本
- ❖ 2×10材（300×38×235mm）
  猫ステップA…5枚
  猫ステップB…4枚
  猫ステップC…2枚
- ❖ ビス（100mm）…24本
- ❖ ビス（50mm）…適宜

道具 | インパクトドライバー／木工用接着剤／ドリル

【図面】猫ステップA

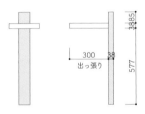

【図面】猫ステップB

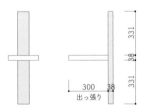

【図面】猫ステップC

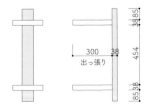

【図面】キャットウォーク受け材 ※Work3（P.67）で使用

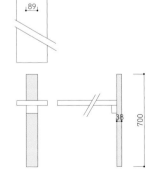

61

1	2×4材と2×10材を用いて猫ステップのパーツを3種類つくります。P.61の図面通り、2×4材と2×10材を木工用接着剤で接着します。
2	木工用接着剤が乾いたら、補強のために長さ100mmのビス2本を使ってしっかりと留めます。猫ステップAは5組、猫ステップBは4組、猫ステップCは1つ、図面通りに作成します。

>>> 猫ステップをつくる

3	すべてのパーツが揃ったら、キャットウォーク用の木材も合わせて図面通りに床に並べて、しっかりくっついているか、P.55の図面通りに作成できているか確認します。
4	各パーツをWork1で作成した2×4ユニットの格子の中に等間隔で入れ、50mmのビスで留めていきます。このとき、ビスを打ち込む部分にドリルで下穴をあけておくと、ビスが入りやすいでしょう。

5 | 2×4壁に10組の猫ステップと2本のキャットウォーク用の木材が取り付けられました。

63

Work 3
キャットウォーク

キャットウォークをつくるときの注意点は、行き止まりにならないようにすること。実例では、天袋に接続することで、回遊性を持たせています。

材料と道具

材料
- ❖2×10材
- キャットウォーク(実状に合わせた長さ×38×235mm)…2本
- ❖2×4材
- キャットウォーク受け材(50×38×89mm)…2本
- ❖2×4材用の金物(シンプソン社製)※途中で接ぐ場合
- ❖ビス(32mm)…金物用
- ❖ビス(50mm)…適宜
- ❖ロフト梯子(天袋の高さに合わせて市販品を購入)

道具
- インパクトドライバー
- 木工用接着剤
- ドリル

1｜1枚の木材でつくれたら手間もかかりませんが、2×10材が部屋に搬入できなかったため、ホームセンターで2分割してもらい、写真の接合金物を購入しました。賃貸アパートではこのようなことも珍しくありません。

2｜分割した2×10材を接合します。接合には2×4材専用の金物（シンプソン社製）を使用します。

▶▶▶ キャットウォークをつくる

4｜受け材を設置しました。

3 Work 2で2×4壁に取り付けたキャットウォーク用の木材に、キャットウォークの受け材を設置します。受け材を取り付ける位置は、天袋の高さに合わせています。木工用接着剤で仮留めした後、50mmのビスで固定します。

5 キャットウォークの片側を天袋の敷居に乗せ、反対側は2×4壁に取り付けたキャットウォーク用の受け材の上に乗せて、ビスで2か所固定します。

6 猫が出入りする天袋の中は、意外と汚れます。こまめに掃除ができるように、既製品のロフト梯子を設置するとよいでしょう。

Work 4

爪とぎ柱付き パソコンデスク

2×4壁を利用して簡単なパソコンデスクを作成します。一見、ただのデスクですが、脚は猫の爪とぎ柱になっています。麻縄を使うと、爪とぎをされたくない壁や柱などではなく、爪とぎ柱でといでくれるようになります。

材料と道具

材料
- ❖ パイン集成材（1,200 × 18 × 450mm）…1枚
- ❖ 杉板（1,200 × 9 × 90mm）5枚
- ❖ 既製の木製デスク脚（L700mm、60mm角、固定金物付属）…1本
- ❖ ビス（50mm）…適宜
- ❖ 麻縄（6mm）…20m

道具
- インパクトドライバー
- 木工用接着剤
- ドリル
- クランプ

【図面】パソコンデスクの平面図と展開図

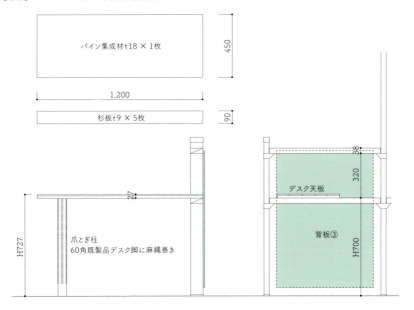

1　2×4壁の横材（床から高さ700mm）にパイン集成材を50mmのビスで3か所留めます。さらに、化粧のためにパイン集成材の上に杉板を重ね、木工用接着剤で接着します。クランプで挟んで乾かします。

2　既製の木製デスク脚の固定金物を板の裏側に取り付け、デスク脚を固定します。

>>> 爪とぎ柱付きパソコンデスクをつくる

4　巻き始めに見えない位置でビスを打っておくと麻縄が外れません。さらに丈夫にしたい場合は、木工用接着剤で固定しながら巻くとよいでしょう。

3 | 長さ700mmのデスク脚に麻縄を巻いていきます。直径6mm、20mの麻縄を60mm角の脚に巻いていくと、全体で56cmの長さになります。麻縄が床まで届かないので、上から巻いていきます。

5 | 巻き終わりも同様にビスで留めます。

6 | 爪とぎ柱付きパソコンデスクの完成です。

Work 5

照明＆インテリア

せっかくつくった2×4壁を猫のためだけに使うのはもったいないので、飾り棚や間接照明など、部屋全体が豊かになるものも同時につくります。

STEP1 >>> 間接照明を取り付ける

間接照明を取り付けるための電気配線工事には、「電気工事士」の資格が必要なので、今回は20形のLED器具でコンセント付きのものを用いています。コンセントを抜き差しして、スイッチを入れたり切ったりします。

1　Work 1で作成した2×4壁の最上段にコンセント付きのLED器具を設置します。

2　昼光色や蛍光色ではなく、黄色い光の電球色を選ぶとあたたかな雰囲気になります。

·········· 材料と道具 ··········

材料 | ❖ 2×4材（810×38×89mm）…適宜
     | ❖ 打込ダボ棚受（プラスチック）…適宜
道具 | かなづち

STEP2 >>> 飾り棚を設置する

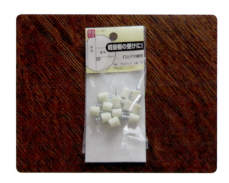

1 2×4壁の猫ステップの設置されていない格子の中に、棚を取り付けます。ホームセンターで購入できる「打込ダボ棚受」が扱いやすくて便利です。

2 2×4壁の縦材の左面に2か所、打込ダボ棚受を取り付けます。2か所が同じ高さになるように定規で測り、鉛筆などでしるしを付けてから、かなづちで打ち込みます。右側の縦材にも2か所、打込ダボ棚受を取り付けます。

3 全長810mmがぴったりのサイズです。写真の実例では、高さを変えてアクセントとしました。

4 猫にかじられるかもしれませんが、お気に入りの本などを飾るとよいでしょう。

Work 6

マクラメハンギング

「マクラメ」はロープを結ぶ技法のことです。マクラメを使って観葉植物を吊るす「ハンギング」をつくりましょう。猫のいるご家庭では、猫が観葉植物を食べてしまう可能性があり、安全面から考えても、観葉植物を室内に置くのを避けがちです。しかし、ハンギングで吊るせば猫の手の届かないところにたくさんのグリーンを飾ることができ、猫がいながらにして緑豊かな生活を送ることができます。また、大きなハンギングをつくれば、猫ベッドを吊るすことだって可能です。

材料と道具

材料
- 綿ロープや麻ロープ、コットンコードなどのひも
  ハンギング用（太さ3mm×長さ450cm）…24本
  まとめ用（太さ3mm×長さ150cm）…1本
- 木の棒（太さ35mm×長さ60cm）…1本

基本の編み方

巻結び

棒にひもを取り付けるときの結び方。写真のように結びます。

平結び

中央の2本を芯にして、左右の結び用のひもを写真のように結びます。

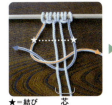 

★＝結び　芯

七宝結び

4本1組のひもを複数用意。結び方は平結びと同じですが、芯ひもと結び用のひもが異なります。

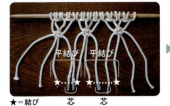 

★＝結び　芯　芯

まとめ結び

数本のひもを束ねるときの結び方。隙間なく、上から下へとぐるぐる巻き付けます。

77

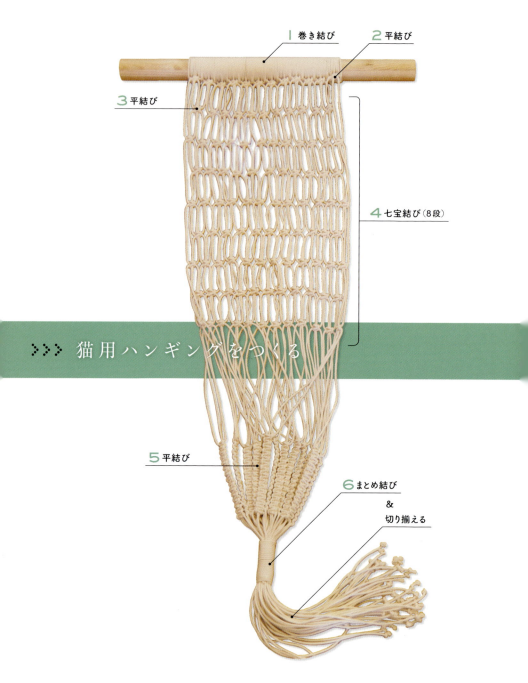

>>> 猫用ハンギングをつくる

1 巻き結び
2 平結び
3 平結び
4 七宝結び（8段）
5 平結び
6 まとめ結び ＆ 切り揃える

Chapter2 ❖ 猫を迎える部屋づくり

1　24本のひもを「巻き結び」で木の棒に取り付けます。

2　4本1組に分け、「平結び」を1段つくります。12列の「平結び」ができます。

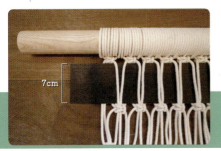

3　7cmの板を挟んで間隔をあけ、「平結び」を1段つくります。

4　7cmの間隔をあけて、「七宝結び」を残り7段つくります。左右とも、最両端のひもは「結び」ではなく「芯」になるように、隣のひもの上にクロスさせて「七宝結び」をします。

5　23cmの間隔をあけて、左端の2本と右端の2本、計4本で「平結び」を16段つくります。残りのひもは、20cmの間隔をあけて、隣り合う4本1組で「平結び」を16段つくります。

6　6cmの間隔をあけて、まとめ用のひもで「まとめ結び」をします。上端と下端を木工用接着剤で補強し、残りのひもを切りそろえて完成です（写真の実例では先端を玉結びしています）。

ソラマメ日記 vol.2

Soramame Diary

1

姉さんいなーい
広々ひとり
目があいているけど
寝てますし

2

姉さん来たわよ
方向転換
ちょっとせまいし
寝てますし

3

姉さん強引
入ってくるし
やっぱりせまいし
寝てますし

4

ぐるぐるぐるぐる
ぐーるぐる
点対称で
寝てますし

Chapter 3

猫のためのリノベーション
Renovation for cats

既存住宅を
有効に活用する

ペット共生住宅の専門家に
リフォームを頼んだら …………… 84

3-1 未活用空間は上空にある
　　 ｛猫寝天井｝……………………… 86

3-2 未活用空間は上空にある
　　 ｛やわらか猫寝天井｝…………… 90

3-3 インテリアに溶け込むキャットウォーク…… 94
3-4 天袋は最高の居場所 …………………… 98
3-5 爪とぎ柱の理想型 ………………………102
3-6 猫の多段ベッド …………………………106
3-7 猫が出迎えてくれる玄関にする ………110
3-8 猫のトイレスペースをしっかりとつくる ……114
3-9 家具工事でリフォームを完成させる ……118

ソラマメ日記 vol.3 ………………………122

ペット共生住宅の専門家にリフォームを頼んだら

猫のために大々的にリフォームをしたいという飼い主さんが増えてきました。猫のせいで家が破壊されてしまったのでどうにかしたいという消極的な理由もあれば、いろいろなキャットタワーを購入して試してみたけれど、満足のいくものがなくて、特別なものをつくりたいという方まで、その動機は様々です。

共通して言えることは、猫に本当に気に入ってもらうためには、今の住まいにペットショップで売っているような小さなモノを付け足すだけではダメで、もっと大掛かりに部屋を改造したり、猫用の巨大な家具をしつらえたりしたほうがいいと飼い主さんが感じ始めたことでしょう。

設計者にとってのリフォームの面白さは、すでにあるものを活用できる点です。

吹き抜けや出窓、味のある縁側、押し入れや天袋などをうまく利用したり、人間の邪魔にならない大きさで猫用家具を部屋の中央に置いたりして、何もなかった場所を猫たちが喜ぶ場につくり替えるのです。それは難しいことですが、大変やりがいのある仕事です。

この章では飼い主さんの要望をリフォームならではのアイデアでかなえた事例を見てもらいたいと思います。

3-1

未活用空間は上空にある

{ 猫寝天井 }

　リフォームの最大の難点はスペースの確保です。そのために「猫と、使わないものと、どちらが大切ですか？」とお客さまに尋ねて、いらないものをできるだけたくさん捨てていただいています。置き家具はそれで減らせますが、どうしても平面的な広さには制限があるので、一生懸命に未活用空間を探すことになります。

　だいたいの場合、有効に使えるのは部屋の上空で、床から2.1mの場所で勝負することが多いと思います。

　猫は高い所が好き。そして天井が低いところも好きです。その両方を満たすために考案したのが、「猫寝天井」と呼ぶものです。

　猫寝天井はリフォームに最適です。あらかじめ工房で、スノコ状の床板をつくり、それを部屋の天井から24cm下がった場所に固定します。多くの家の天井の高さは2.4mですから、スノコ状の床板の厚みが6cmでも、下側に2.1mの天井高がとれます。

　4.5cm幅の木材を6cmの隙間をあけて並べると、猫は上手にその上を歩きます。下からは、その姿がきれいに見えて、ときどき、手やしっぽが隙間から垂れ下がる、いつまで見ていても飽きない仕掛けができあがります。

猫寝天井はChapter1で述べた猫的町並みにおける「ノード」に該当。螺旋階段や麻縄を巻いた柱、人間用の階段などからアプローチできる。

猫寝天井は、季節に関係なく、猫たちが集まる場所になった。器用にこの場所を走り回る子もいる。

88　Chapter3 ❖ 猫のためのリノベーション

見上げると普段は見ることのできない猫たちの姿を観察できる。

3-2

未活用空間は
上空にある

{ やわらか猫寝天井 }

　猫はハンモックが大好きです。飼い主の手づくりハンモックでくつろぐ猫は多いでしょう。ハンモックは普通、布でつくりますが、多頭飼育されている場合は、毛が大量に付着したり、汚れやすかったりするので、ハンモックを含め、インテリアの中からできるだけ布製品を減らすことをお勧めしています。

　そんな背景があってデザインしたのが、木製ハンモックの「やわらか猫寝天井」です。

　板の差し込み口のついた鉄の棒が2本と幅7cmの板8枚でできています。壁際のパーツは、柱にビス固定しますから後付け可能で、リフォームに向いています。

　先に紹介した猫寝天井は硬い木材で隙間のピッチを詰めることで、その上を走ることができるアトラクションでしたが、やわらか猫寝天井は、薄い板がやわらかくしなり、寝心地が良くなるので、くつろぐためのものです。

　鉄の棒の最大幅は2cmで、板の厚みは4mmですから、かなり省スペースになっています。天井が低い部屋にも取り付けられる、ウッディでちょっといい感じのアトラクションだと思います。

3-3
インテリアに溶け込む　キャットウォーク

最近はペット可のマンションも増えてきて、猫を鉄筋コンクリート造のマンションで飼っている方も多いと思います。

木造であれば、壁の中に隠れている柱の位置を見つけて、いろんな猫用アトラクションを固定するのですが、鉄筋コンクリート造の場合は、コンクリートアンカーというものを使わなければならず、住宅リフォームとして現実的ではありません。

では、どのような手法が、猫の家のリフォームとしてマンションに適しているかというと、大胆に巨大な猫用家具を部屋の中央に置いたり、テレビ台などと一体化させたアトラクションを設置したりするのがいいと思います。つまり、本体だけで自立する家具でアトラクションを構成するのです。

「猫用の何か」だけに注目してしまうと、ペットショップで売っている、お世辞にもかっこいいとは言えないキャットタワーのファンシーさと同列になりかねません。ですから慎重に、リビングルームのテイストに合わせてデザインしましょう。

理想は、「猫用の何か」を設置することで、部屋がさらにかっこ良くなることです。

邪魔にならない奥行き32cmの飾り棚は、猫の階段にもなっており、最上部まで上るとキャットウォークにつながる。

Photo ▷ 滝本 裕（P.95〜97）

3-4
天袋は最高の居場所

　純和風住宅や和室を中心とした住居では、押し入れや天袋がリフォームの対象となります。

　押し入れは、布団を入れないのであれば、使い勝手の良い機能的な収納に改造します。そして天袋は猫に開放してしまいましょう。
　開放された天袋は、例外なく猫のお気に入りの場所になります。なにしろ部屋の中でいちばん高い場所にあるのですから。

　可能であれば、天袋の両側の壁に穴をあけたいものです。天袋を猫の通り道の途中にある休憩場所にすると、風通しが良い、快適な居場所がひとつ生まれます。もし

　天袋までアプローチするための道がない場合は、ロフト用の梯子を付ければ、それで解決です。

　それから照明器具を天袋の中に設置するのも大切なことです。天袋は意外と奥行きがありますから、猫が奥の方の暗い部分に隠れてしまうと、いるのかいないのかわからなくなって心配です。
　最近は電池式で動体センサーがついたLEDライトが安く販売されているので、それを用いればよいでしょう。

　扉をとっぱらい、開放された天袋から下をのぞいている猫の姿は、なぜか特別にかわいらしいと私は思っています。

Photo ▷ 柴田 令（P.100〜101）

3-5

爪とぎ柱の
理想型

　猫のためにリフォームをする際、ぜひ取り入れたいのは爪とぎ柱です。家の中の"重要な場所"に、とても頑丈で大きく、猫が体当たりしても揺らぐことのない爪とぎ柱を備え付けると、猫が家屋を破壊する問題の、たぶん半分くらいは解決すると私は考えています。

　爪とぎ柱はペットショップで売っているものではなく、壁を壊した後に残る家を支えていた柱に、麻縄を巻いてつくるのが理想的です。それなら絶対に、猫の力で動くことはありませんから頑丈です。あるいは大きめの家具にしっかりと固定します。

　さて、爪とぎ柱を設置する"重要な場所"ですが、それはChapter1でも述べた通り、「エッジ」に該当する部分。つまり、テリトリーの境界線上に設けるのがルールです。具体的には、飼い主さんの寝室のドア周りや食事場所、リビングルーム内で空間が区切られているような場所になります。

　あとは、爪とぎ柱の上部にキャットウォークをつなげてみましょう。そうすれば、猫は爪とぎ柱を楽々と上り、「垂直の猫の道」ができあがります。これがあれば、忘れられていた運動能力が目覚めて、猫たちは健康的になります。

105

3-6

猫の多段ベッド

　猫の就寝場所をどのようにつくるか？　意外と難しい問題です。人が決めた場所で猫が寝てくれるのかというと、そうとも限らず、むしろどこでだって寝るのが猫です。逆に、人が用意したベッドが不足していて、取り合いになっている場合もよくあります。

　猫の就寝場所をあらかじめ決めておきたい理由は2つあります。ひとつ目は、寝てくれる場所がある程度決まっていると、すぐに猫を見つけられるから。ふたつ目は、冬にヒーターを入れることを考え、コンセントの近くに設置したいからです。

　そんなわけで猫の多段ベッドというものをつくってみました。いわば猫の集合住宅です。

　猫に何かを「差し上げる」場合、うまくやるにはコツがあります。それは「過剰に供給する」ことです。よく知られている例では、トイレの数を「猫の匹数＋1個」とするなどがあります。猫のベッドも同じで、全部が使われなかったとしても、たくさん用意しておけば問題は起きません。

　猫の多段ベッドは、格子状の家具の中に、キューブベッドを入れてつくります。満室の場合もありますし、空いているときもあります。ひとつのベッドに無理やり2、3匹が寝ているときもあって、見ていて楽しいものです。

108　Chapter3 ❖ 猫のためのリノベーション

3-7

猫が出迎えてくれる玄関にする

　帰宅したときに、猫が出迎えてくれるのはとてもうれしいことですね。でも、急に飛び出してきて玄関ドアから外に出てしまう環境だと、常に飼い主さんは緊張しなくてはいけません。

　リフォームをする際には、玄関の内側に、もう1枚、ドアや引き戸を設けるようにしています。二重扉というか、風除室に似た空間をつくるというわけです。

　二重扉をつくる場合、扉には、向こう側に猫がいるかどうかがはっきりとわかるように、ガラスを入れましょう。このようにしておけば、出迎えに来てくれたこともわかりますし、猫の位置を確認してから、安心して扉の開け閉めができます。

　また、猫は引き戸なら、閉まっていても爪を差し込んで開けてしまいますし、ドアでもレバーハンドルだと飛びついて上手に開けます。それを防止するには鍵を付ける必要があるのですが、一般的な室内ドアの鍵は部屋に「閉じこもる」ためにあるので、片方から閉めると、反対側から開けられません。そんなときには、保育所の安全対策で用いられる「両面サムターン鍵」を使います。

　猫の安全は人の安心から始まります。工夫をしましょう。

3-8

猫のトイレスペースを
しっかりとつくる

　新築でも同じなのですが、猫のトイレスペースをしっかりとつくることは大切です。10年以上一緒に暮らす家族なのに、猫のトイレだけが、部屋の隅っこに「仮置き」されていてよいはずがありません。
　飼い主といえども所詮人間はトイレの掃除係。仕事のしやすい環境を整えておく必要があるでしょう。

　猫のトイレ置き場には必ず換気扇を設けます。木造なら設置工事はエアコンの取り付けよりもずいぶん簡単です。

　換気扇の位置は臭気が拡散しないように低い位置に設けます。ときどき、人間のトイレと猫のトイレを同じ空間に置く事例を見かけますが、その方法には首をかしげます。使用中に猫が入ってきてもいいのでしょうか？猫トイレのスペースはきちんと別に設けましょう。

　それから、猫トイレの近くには猫砂のストック収納が必要です。日用品は使う場所のすぐ近くに収納するのが部屋を散らかさないためのルールです。

　さらに、スコップで集めた汚物は袋に集めて燃えるごみの日に出せばよいのですが、既製品の生ごみシューターを用いて、屋内から外に直接出してしまえば、臭いが気にならず快適になります。

Chapter3 ❖ 猫のためのリノベーション

3-9

家具工事で
リフォームを完成させる

リフォームの工事では、「住みながら」の工事が多くなります。その場合、工事期間が長くなると、人間も猫もストレスが溜まります。つくってくれている大工さんにも、お客さまのイライラが伝わりますから、私はできるだけ「家具工事」で空間を構成して、工事期間を短縮するようにしています。

現場での工事は最小限にして、家具工場でパーツを用意し、それを一気に運び込んで組み立てます。塗装も現場ではなく工場で済ませておけば、きれいなものになります。

売られているキャットタワーや、既製品の家具が混在する空間は統一感がなく、高さもバラバラで、水平ラインが揃いません。普通のリフォーム業者は水平ラインを揃えることを最初から放棄していますが、私も含め、建築家と呼ばれる人種は、この水平ラインを揃えることに執着していますので、すべてをぴったりと揃えずにはいられません。

水平ラインを揃えるのと揃えないのとでは、当然ながら工事費に差が出ます。でも、ずっと生活する家なのですから、すっきりとした空間を目指したいものです。そのためにはすべてをデザインすることが大切だと考えています。

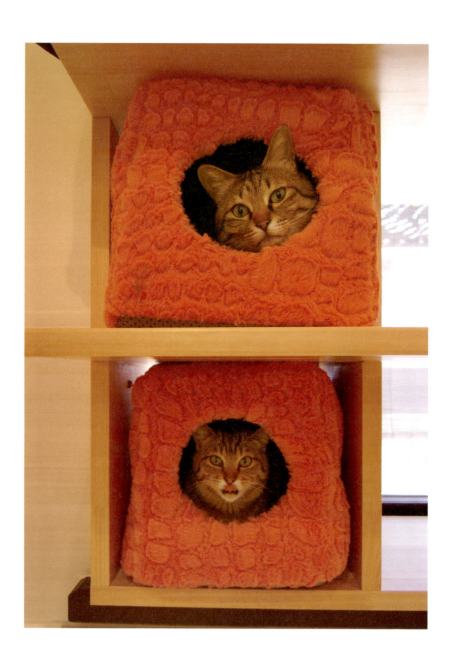

ソラマメ日記 vol.3

Soramame Diary

1

前向け前で
LOVE
それはLOVE
それはLOVE

2

前行け前で
LOVE
それはLOVE
たぶんLOVE

こっち向いて
こっちで
LOVE
それはLOVE
とてもLOVE

3

右向け右で
LOVE
これもLOVE
たぶんLOVE

4

Chapter 4

猫と暮らす建築家が提案する

猫のための家づくり

Building a house for cats

建築家に猫のための家づくりを頼んだら……124

- 4-1 キャットウォークの5原則……………126
- 4-2 猫の道のバリエーション………………128
- 4-3 猫の階段のバリエーション……………132
- 4-4 多層空間を目指す………………………136
- 4-5 猫大階段の頂上は………………………140
- 4-6 CATIO(キャティオ)をつくる…………144
- 4-7 キッチンは独立型とする………………148
- 4-8 猫ダイニングはランドマーク…………150
- 4-9 猫のための窓の計画……………………152

建築家に猫のための家づくりを頼んだら

「猫のために家を建てるなんて贅沢だ！」という方もいらっしゃるでしょう。その通りです。猫のために家を建てるのはとても贅沢で幸せなことです。猫のために家を建てたからこそ見られる活き活きとした猫の姿は、猫を愛してやまない飼い主にとってこの上なく幸せな光景であり、また自分もそれに参加できるのは、最高の娯楽とも言えます。

リフォームと違って新築の場合は窓の位置や天井の高さを自由に設定できるので、縦方向のデザインに工夫を凝らすことができます。Chapter1で述べた「パス」を立体的に自由にレイアウトできれば、魅力的な「ノード」や「ディストリクト」をつくれますし、「ランドマーク」の設定も適切なものにできます。都市のイメージで猫の居場所と移動を考える場合、やはり新築でないと完璧なものはできないでしょう。

あたらしい家に猫を迎え入れるにあたって、完全室内飼育に配慮する方は少なくありません。数年前には考えられなかったことですが、完全室内飼育のメリットとデメリットが認知されてきた証として、とても良い傾向だと思います。もう猫は、外に出ることはなく、一生を家の中で暮らすのですから、十分にその環境を考えてあげたいと思うのです。

4-1
キャットウォークの5原則

　私は以下の5原則を守ってキャットウォークをつくっています。

❶「そこにある理由」が必要である
❷「一方通行で行き止まり」はダメ
❸ 清掃できなくてはいけない
❹「猫が歩いている姿」を楽しめること
❺ 猫がすれ違えるだけの幅があること

　❶の「そこにある理由」については、違う見方をすると、キャットウォークの適切なレイアウトが猫にとって特別な場所、Chapter1で述べた「ノード」を生み出すということです。複数のキャットウォークが交差したり集中したりする場所には活気が生まれます。それを計画するのです。

　建築家としては、❹の「猫が歩いている姿」を楽しめるデザインにはかなりの労力を費やします。例えば、リビングのソファーから見える姿はどんな感じになるのか、3Dの設計ソフトで検討しています。その角度や高さの調整で人から見た風景も、猫から見た風景も変わってくるからです。

　そしてキャットウォークは、単独でもインテリアとして成立するものにしたいと思っています。

雲の形をしたキャットウォークには丸穴
があけられ、下にいる人間や他の猫たち
を見下ろせるようになっている。

4-2
猫の道のバリエーション

　猫の通る道には様々なバリエーションを持たせます。もちろん人が歩く床の上も猫は通りますが、それ以外に猫専用の道「パス」を様々なカタチで用意してあげる必要があります。

　窓辺、キャットウォーク、壁に設置されたステップ、トンネル、家具の上、階段などのいろんな要素を、まるで都市の構成要素のように家の中に配置するのですが、大切なことはその道の「規則性」と「連続性」です。それらが規則的に存在し、猫にとって予測可能で不安を感じさせないものであれば、猫は驚くべきスピードで道を移動します。
　移動は猫にとっての娯楽です。また本能的に必要なものです。猫は階段を駆け上がる身体を持っていますし、ジャンプする能力もあります。そして急いでいるときもあれば、ゆったりとした歩調で移動したいこともあるでしょう。それらの気分を満たせる空間を用意してあげなくては、完全室内飼育に適した猫のための家とは言えません。

　猫の通る道を考えることは、すごく難しいことで、決して、形態だけを真似て満足されるべきものではないのです。きちんとしたロジックのもとに、それらは構築されるべきだと私は考えています。

キャットウォークのコーナーにさしかかった猫は、キャットツリーを使って床に下りた。この場所は典型的な「ノード」である。

キャットウォークにいた猫は、壁から突き出した猫ステップで下に降りる。

Chapter4 ❖ 猫のための家づくり

規則性をもって並べられた猫ステップならば、猫はそれを迷わず使ってくれる。

4-3

猫の階段の
バリエーション

　私が家を設計するときにいちばんワクワクするのは、階段のデザインをしているときです。特に猫専用の階段は構造上の制約が少ないゆえに、とても楽しいものです。

　壁から突き出す形のものは「猫ステップ」と呼びます。螺旋階段は「キャットツリー」で、人間の階段と同様のものは「猫階段」と名付けています。

　階段のリズムが一定であることは当たり前の話なので、誰も気に留めていないかもしれませんが、止まっているエスカレーターを上り下りしたことがある人ならわかるでしょう。段差が途中で変わると、前のめりになって体勢を崩してしまいます。猫も人間と同じで、気持ちよく使ってもらうためには、段差のリズムを一定にしなくてはいけません。規則性はとても大切です。

　それから階段の使い分けも大事です。日常の動線として頻繁に使う経路には、段差が20cm程度の階段を用いた方がよいと思います。それはちょうど人間用の階段と同じ角度です。逆に、アトラクションとしての階段は段差を30cm以上にしてしまいましょう。そうすれば猫は、飛び跳ねるように元気に階段を駆け上がってくれます。

4-4

多層空間を目指す

　2階建ての家には床が2枚。ロフトがあれば3枚。これは人間が暮らす家の話で、猫にとっては、家具の上やテレビの上、階段の途中、窓の縁など、いくらでも床があります。でも普通の家だと、ちょっと幅が狭いので居心地があまり良くない。のびのびとできないのです。だからもっと多層空間を意識して設計するのがよいでしょう。

　キャットウォークがあれば床は1枚増えます。異なる高さにそれが複数あって、幅も60cmぐらいとっていれば、いくらでも多層にできます。居心地はぐんと良くなって、用途も発生するでしょう。といっても相手は猫ですので、昼寝の場所になるくらいのものですが……。

　多層空間をつくると猫の居場所が増えるのですが、もうひとつ、大きなメリットが生まれます。縦方向の動きがダイナミックになるのです。
　例えば、1階から2階、そしてロフトまでを一気に貫く螺旋階段をつくったとしましょう。その高さは6mほどのものになります。これを颯爽と上っていく猫の姿は、なかなか見ごたえがあります。

　いろんな高さに猫がいる光景は楽しいものです。猫がいっぱいいるなら、呼べば一斉にこっちを見てくれます。

家屋を垂直方向に一気につらぬく螺旋階段（キャットツリー）。

一見、複雑に重なり合う幅広のキャットウォークも、規則性をもって吊り下げられているので、猫は縦横無尽に移動する。

138　Chapter4 ❖ 猫のための家づくり

人間用の螺旋階段は、猫にとっては格好の居心地の良い多層的空間になる。

4-5
猫大階段の頂上は

　最近、「猫大階段」というものをつくっています。階段型ピラミッドのような形で、頂上は1.5畳くらいの平らなスペースになっているものです。猫大階段では、猫が自由に、高さの異なる居場所を選ぶことができます。猫たちにとっての「上下方向の立ち位置の優劣」については、専門家の間でもその解釈に意見が分かれているのですが、同一平面上にいるとケンカする猫も、高さが異なれば、至近距離にいても大丈夫だということを、私は知っています。そんなわけで、猫大階段は、多頭飼育に起こりがちな、猫同士のトラブルを回避する装置として優れているのですが、もうひとつ、愉快な工夫が凝らされています。

　実は、この猫大階段の頂上は「岩盤浴場」になっているのです。床を石張りにし、床暖房の装置を組み込みます。冬場は岩盤浴場として猫たちに大人気で、交代で使ってくれます。人間も、ちょっと天井が低いのですが、お邪魔して使うことができます。

　夏場は石張りのひんやりとした床で猫たちは涼をとります。この大掛かりな仕掛けは、猫の集う場所になるので、リビングルームのそばにあると猫たちのリラックスしている姿が見られていいですよ。

ピラミッド状の階段の最上段が岩盤浴場となっており、さまざまなルートからアプローチできる。

Chapter4 ❖ 猫のための家づくり

Photo ▷ 渡邊かおる（P.142〜143）

完全室内飼育であっても、「たまには猫を外に出してあげたい」「危険じゃないなら庭に出してあげたい」という方は多いと思います。

　そんな場合は、きちんとノミ・ダニやフィラリア対策をした上で、しっかりと管理されたプライベートの屋外空間に出してあげるのはいいことかもしれません。戸建て住宅ならバルコニーを柵で囲めば、猫が安全に使える猫用バルコニーをつくることができます（ただし、火災時における避難経路は確保しましょう）。

4-6
CATIO（キャティオ）をつくる

もっと本格的なものとしては、欧米で流行っている「CATIO（キャティオ）」を取り入れるのもいいでしょう。「CATIO」は「CAT」と「PATIO」（リビングなどと一体的に使う中庭）を合わせた造語で、完全室内飼育の猫のための比較的広い屋外空間です。外からの動物の進入や、飼い猫の逃亡防止に配慮しつつ、直射日光がふんだんに入り、涼しい風が吹き抜け、樹木が揺れるそんな場所です。

人間もそこで、ガーデニングや日光浴なんかができます。このCATIOを上手に家に計画すれば、猫たちと安全にアウトドアライフを送ることができますよ。

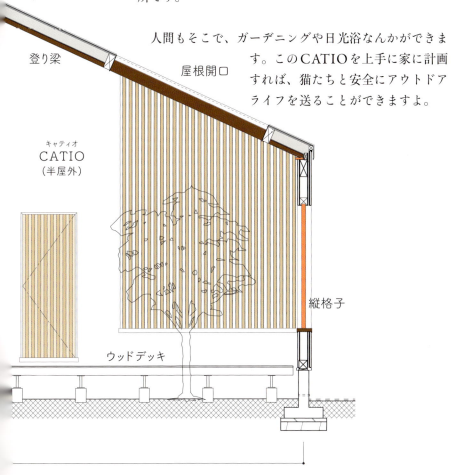

Photo ▷ 大野ちあき（P.147）

4-7 キッチンは独立型とする

　猫と暮らす家を設計するにあたって、最も悩む部分は、キッチンの形式です。できればキッチンは家の中央に配置し、天板の大きいアイランド型や対面型を用いたいのですが、猫と暮らす上での実用性を考えると、そうもいきません。

　調理中に床に落としたネギなんかを猫が食べると中毒を起こしますし、子どものいる家庭では、完成した弁当の蓋を開けたまま冷ましたりしていると猫に食べられてしまうこともあります。

　やはり猫と暮らす家のキッチンは、個室になっている

　独立型が正解と言えるでしょう。でも、キッチンに立っているとき、猫の姿がまったく見えないのは物足りないものですし、普通の独立型キッチンだと、なんだか猫に隠れてこそこそやっている感じがして、ちょっと嫌なのです。

　だから、オープンな感じはそのままに、猫は中に入れない、ガラス越しの対面型キッチンをつくってみました。窓を大きいはめ殺しにすれば、ガラスの存在感は消えます。キッチンに立ってフライパンを振っていると、猫がガラス越しにのぞきに来るなんて、なかなか面白いと思いませんか。

4-8

猫ダイニングは
ランドマーク

　私が「猫ダイニング」と呼んでいる猫の食事場所は、都市計画でいうところのランドマークです。人間の場合、ランドマークは景色の中でひときわ目立つ背の高い建物だったりするわけですが、それは人間が視覚を頼りに道順を確かめるからで、猫だったら、視覚よりも、嗅覚や聴覚が優先する場合もあります。

　ごはんタイムにカリカリ（ドライフード）をガサガサやると猫が集まって来ますよね。そのとき、飼い主本人やその場所は、猫にとってランドマークになっています。

だいたい、ごはんをあげる場所は、家の中で定位置として決まってくるものなので、いつの間にかそこが、猫自身の位置把握の基準点になってくるのです。

ランドマークが家の端っこにあると、猫の行動はいい意味で単純になり、飼い主は猫の行き先を把握しやすくなります。逆に、家の中心や普段の居場所と違う階にあると、猫はランドマークを取り巻くように少し複雑に行動するようになります。

そして、ちょっとした気遣いですが、ランドマークって、そもそもが「遠いもの」なわけで、私はいつも面倒くさがりやの猫のために「近道」を用意してあげています。

4-9

猫のための窓の計画

　猫にとって窓はとても大切です。外部との唯一の接点という意味で大切なのは言うまでもありませんが、完全室内飼育の猫にとって、窓はテレビみたいなものです。

　かつて、猫の視覚はモノトーンの世界だと思われていましたが、最近そうでないことがわかりました。でも、人間ほど、あざやかな色彩や、細かい形状を見ることはできませんから、窓から見る景色は、猫と人間とでは随分と違うのです。猫の眼は近いものには焦点を合わすことができません。一方、2mから7mぐらい先で動いている「獲物」に対しては、とてもよく反応する捕食動物特有の視覚を持っています。

　そのような視覚の特徴を持つ猫ですが、家の中にいれば、外に獲物がいたとしても窓の向こう側には手が届きませんし、実際に捕食しなくても、ごはんが容易に手に入る生活なら、外界に見えるものの実体なんて、どうでもよくなっているのではないでしょうか。そんな理由で、猫にとっての窓から見える景色は、テレビの画面のようなものだと私は考えるのです。

154　Chapter4 ❖ 猫のための家づくり

猫が窓の外を眺める様子には「放課後の教室の窓から校庭で走る誰かを眺めているアンニュイさ」があります。鳥がやって来ると夢中で窓の前に集まったりしますが、だいたいは、ぼんやりと外を見ています。それがアンニュイさを連想させるのでしょう。

　何が見えているにせよ、猫は窓が大好きです。1匹につきひとつ以上、窓があったほうがいいと思います。なぜなら、窓の前は、猫にとっての最小単位のテリトリーになるからです。そしていろんな向きや高さに窓があるのが好ましいと思います。すべての窓に違う景色が映っていると、テレビのチャンネルが多いのと同じで、それはきっと好ましいのです。たくさんのチャンネルがあれば、どれかひとつくらいは面白い番組をやっているでしょう。

　完全室内飼育の猫にとって最大のストレスは「退屈」ではないか、と最近は考えられています。やっぱり猫にとって窓は大切な存在なのです。

おわりに

　この本は主に2012年から2017年までに私が設計した「猫の家シリーズ」の写真を中心に構成されています。ほとんどの写真は私が撮影したものですが、飼い主さん自身が撮影した写真も含まれています。それぞれクレジットを入れていますが、ここで改めてオーナーさまのご協力に感謝申し上げます。また、ソラちゃんとマメちゃんの写真は、妻とスタッフの和泉純子が撮影したものを用いました。

　すべてを書き終えた今、既刊の2冊の本も含めて振り返ってみると、私は本当にラジカルな学者の業績が好きなんだなぁと思います。

　今回は、都市計画家のケヴィン・リンチの理論と猫の家の考えを接続してみましたし、これまでの動物の行動と飼い主の行動に注目した住宅設計には、行動分析学の創始者であるB・F・スキナーの強化随伴性の考え方が根底に流れています。
　おそらく最新の研究や理論を援用したほうがよいのでしょうが、「環境エンリッチメントな住宅」なんてジャンルに真剣に取り組んでいるのは、世界に私しかいないわけで、まだスタンダードではありませんから、むしろ温故知新でよいのだと思います。2人の偉大な学者のアイデアが、私の設計の通奏低音になっています。

この時期のファウナプラス・デザインの設計スタッフは、和泉と旧所員の松田安代でした。彼女らがいなければ、見ての通りの密度の濃い「猫の家」の設計はできなかったでしょう。

　本になるまでは、タイトなスケジュールの中、私のわ

Epilogue

がままを丁寧に聞いてくださった編集の高橋顕子さんにお世話になりました。厚くお礼申し上げます。

　　　　　　　　　　　　　　2017冬
　　　　　　　　　　　　　　廣瀬慶二

Profile

廣瀬慶二
ひろせ けいじ

1969年神戸市生まれ。神戸大学大学院自然科学研究科修了。一級建築士、一級愛玩動物飼養管理士。設計事務所ファウナプラス・デザイン代表。ペット共生住宅の専門家として海外でも知られる。2008年「住まいのリフォームコンクール」国土交通大臣賞受賞。著書に『ペットと暮らす住まいのデザイン』（丸善出版）、『へぐりさんちは猫の家』（幻冬舎）がある。

猫と暮らす建築家が本気で考えた
猫がうれしくなる部屋づくり、家づくり
2017年12月25日　第一刷発行

著　者　　廣瀬慶二

発行者　　長坂嘉昭

発行所　　株式会社プレジデント社
　　　　　〒102-8641
　　　　　東京都千代田区平河町2-16-1 平河町森タワー13階
　　　　　http://president.jp　http://str.president.co.jp/str/
　　　　　電話　編集（03）3237-3732
　　　　　　　　販売（03）3237-3731

販　売　　高橋 徹　川井田美景　森田 巌　遠藤真知子　末吉秀樹

造本・装丁　HOLON

編集協力　高橋顕子

編　集　　桂木栄一　小澤啓司

制　作　　関 結香

印刷・製本　凸版印刷株式会社

© 2017 Keiji Hirose
ISBN978-4-8334-2261-1
Printed in Japan
落丁・乱丁本はおとりかえいたします。